I0510984

NAME

NOTE

TABLE OF CONTENTS

www.ingramcontent.com/pod-product-compliance
Lightning Source LLC
Chambersburg PA
CBHW081259170526
45165CB00011B/3352
* 9 7 8 1 5 4 8 4 7 9 5 0 3 *